Trading Para Lentos

Jackson Brooks

Jackson Brooks

Indice

Jackson Brooks

Mercados Financieros Explicados

Los mercados financieros son los lugares donde las personas compran y venden cosas llamadas activos financieros, como acciones, divisas, bonos y criptomonedas. Un activo financiero es algo que tiene valor y que las personas están dispuestas a comprar o vender, esperando ganar dinero con su cambio de precio. Imagínate un gran mercado de frutas, pero en lugar de frutas, se negocian estas cosas que, aunque no puedes sostenerlas con tus manos, representan dinero. Estos mercados son enormes, y lo mejor es que cualquiera con acceso a internet puede participar desde su casa.

En los mercados financieros, cada activo tiene un precio que sube y baja, dependiendo de cuántas personas lo quieran comprar o vender en un momento dado. Si mucha gente está interesada en comprar, el precio sube. Si muchas personas quieren vender, el precio baja. Esto sucede porque los precios en los mercados financieros funcionan igual que en cualquier otro mercado: si algo es muy demandado, se vuelve más caro, y si nadie lo quiere, baja de precio. El truco del trading está en tratar de comprar cuando los precios están bajos y vender cuando suben.

Hay varios tipos de mercados financieros, y cada uno está especializado en diferentes tipos de activos. El mercado de acciones, por ejemplo, es donde las personas compran y venden partes de empresas. Cuando compras una acción, estás adquiriendo una pequeña parte de esa empresa. Si a la empresa le va bien, el valor de sus acciones sube, y tú ganas dinero. Pero si la empresa no lo está haciendo tan bien, el valor de sus acciones baja, y puedes perder dinero.

Otro mercado importante es el de divisas, también conocido como Forex. Aquí, en lugar de empresas, las personas compran y venden monedas de diferentes países, como dólares, euros o yenes. Las personas ganan dinero en este mercado aprovechando los cambios en el valor de las monedas. Por ejemplo, si el dólar sube frente al euro, un trader que compró dólares y vendió euros puede ganar dinero. Es como intercambiar dinero cuando viajas, pero aquí lo haces para tratar de obtener beneficios.

También tenemos el mercado de bonos, que es un poco más complicado de entender, pero muy importante. Un bono es básicamente un préstamo que le das a un gobierno o a una empresa, y ellos te prometen devolver ese dinero con un poco de interés. Las personas compran y venden bonos en el mercado financiero, tratando de ganar dinero con los cambios en los intereses. Este mercado es más popular entre los inversores que buscan algo más seguro, porque los bonos suelen ser menos arriesgados que las acciones o las divisas.

Finalmente, está el mercado de criptomonedas, que ha ganado mucha popularidad en los últimos años. En este mercado, se compran y venden monedas digitales como Bitcoin, Ethereum y muchas otras. A diferencia de las monedas tradicionales, las criptomonedas no son controladas por gobiernos o bancos, lo que las hace un activo muy diferente y, a veces, muy arriesgado. Sus precios pueden cambiar muy rápido, lo que atrae a algunos traders que buscan aprovechar esos movimientos rápidos para ganar dinero.

Lo más interesante de los mercados financieros es que todos están conectados de alguna manera. Un evento importante en el mundo, como una crisis económica o una noticia sobre una empresa famosa, puede afectar a todos los mercados al mismo tiempo. Por eso, es importante que los traders presten atención a las noticias y entiendan cómo diferentes eventos pueden influir en el mercado en el que están operando.

En resumen, los mercados financieros son lugares donde las personas compran y venden activos con la esperanza de ganar dinero cuando sus precios cambian. Existen muchos tipos de mercados, cada uno especializado en diferentes tipos de activos, como acciones, divisas, bonos o criptomonedas. Aunque puede parecer complicado al principio, entender cómo funcionan los mercados es el primer paso para convertirse en un trader exitoso. Solo se necesita paciencia, observación y, sobre todo, práctica para empezar a navegar por este mundo tan emocionante.

Herramientas Básicas para el Trader

Cuando decides empezar en el mundo del trading, es como embarcarte en una nueva aventura, y para esa aventura necesitas las herramientas adecuadas. Al igual que un carpintero necesita su martillo y su sierra, un trader necesita ciertos recursos para operar en los mercados financieros. Estas herramientas básicas no son complicadas, pero son esenciales para que puedas hacer bien tu trabajo. Aquí te voy a explicar cuáles son y cómo puedes empezar a usarlas.

La herramienta principal que vas a utilizar como trader es una plataforma de trading. Piensa en esta plataforma como el lugar desde donde vas a realizar todas tus operaciones. Es como si fuera tu oficina o tu centro de control. En esta plataforma, podrás ver los gráficos de los precios, analizar el movimiento de los activos, hacer tus compras y ventas, y revisar tus resultados. Hay muchas plataformas diferentes, pero la mayoría funcionan de manera similar. Algunas de las más conocidas son MetaTrader, TradingView o Thinkorswim. Estas plataformas pueden parecer un poco intimidantes al principio, pero una vez que te familiarizas con ellas, te darás cuenta de que son bastante fáciles de usar.

Dentro de la plataforma de trading, una de las primeras cosas que aprenderás a usar son los gráficos de precios. Estos gráficos son visualizaciones del comportamiento de los precios de un activo a lo largo del tiempo. Pueden ser líneas, barras o velas, y te muestran cómo ha cambiado el precio de un activo en minutos, horas, días o incluso meses. Los gráficos son como un mapa que te guiará para tomar decisiones. Si aprendes a leerlos correctamente, podrás identificar cuándo es un buen momento para comprar o vender.

Otra herramienta básica que encontrarás en tu plataforma son los indicadores técnicos. Estos son herramientas que te ayudan a analizar los gráficos de precios. Por ejemplo, algunos indicadores te dirán si el precio de un activo está subiendo demasiado rápido o si está a punto de caer. Hay muchos tipos de indicadores, pero los más comunes y fáciles de usar son las medias móviles, el RSI (índice de fuerza relativa) y el MACD (convergencia/divergencia de medias móviles). No te preocupes si al principio no entiendes cómo funcionan. A medida que practiques, te familiarizarás con ellos y sabrás cuándo te están dando señales importantes.

Además de los gráficos y los indicadores, otra herramienta que te será útil es el calendario económico. Este calendario te dice cuándo se van a publicar noticias importantes que pueden afectar los mercados. Por ejemplo, si el gobierno va a anunciar datos sobre el empleo o .la inflación, es probable que los precios de ciertos activos cambien. Estar al tanto de estas noticias te ayudará a evitar sorpresas desagradables y a tomar decisiones más informadas. Muchos traders revisan el calendario económico cada día antes de empezar a operar, para asegurarse de que no hay ningún evento inesperado que pueda afectar sus operaciones.

Un aspecto que no podemos dejar de lado es la gestión del riesgo, y para esto, la herramienta clave que vas a utilizar es el stop loss. Un stop loss es una orden que le das a la plataforma para que cierre automáticamente una operación si el precio va en tu contra. Por ejemplo, si compras una acción y el precio empieza a bajar demasiado, el stop loss venderá esa acción antes de que pierdas demasiado dinero. Es como un cinturón de seguridad para tus operaciones. Muchos traders principiantes cometen el error de no usar stop loss y, como resultado, sus pérdidas se acumulan. Por eso, es importante que desde el principio aprendas a utilizar esta herramienta.

Además de estas herramientas, también es útil tener una libreta o un diario de trading. Aunque esto no es una herramienta digital, es fundamental para que puedas llevar un registro de todas tus operaciones. Apuntar lo que hiciste bien y lo que hiciste mal te ayudará a mejorar con el tiempo. Algunos traders también usan hojas de cálculo para llevar un control detallado de sus ganancias y pérdidas. Lo importante es que tengas un sistema donde puedas revisar tu progreso y aprender de tus errores.

Por último, pero no menos importante, no podemos olvidar las cuentas demo. Una cuenta demo es una cuenta de trading que te permite operar con dinero ficticio. Es la mejor herramienta para practicar sin arriesgar tu dinero real. Con una cuenta demo, puedes familiarizarte con la plataforma, probar diferentes estrategias y aprender cómo funcionan los mercados sin la presión de perder dinero. Muchas plataformas ofrecen esta opción, y es una excelente manera de ganar confianza antes de operar en el mercado real.

En resumen, las herramientas básicas para el trader incluyen la plataforma de trading, los gráficos de precios, los indicadores técnicos, el calendario económico, el stop loss, un diario de trading y, si estás empezando, una cuenta demo. Todas estas herramientas te ayudarán a tomar decisiones más inteligentes y a proteger tu dinero mientras aprendes a operar. Al principio puede parecer mucha información, pero con el tiempo y la práctica, todas estas herramientas se convertirán en parte de tu rutina diaria como trader. Así que no tengas miedo de explorarlas y empezar a usarlas.

¿Cuál es el Mejor para Ti?

Cuando entras en el mundo del trading, una de las primeras preguntas que probablemente te harás es: ¿qué tipo de trading es el mejor para mí? La respuesta a esta pregunta dependerá de varios factores, como tu personalidad, el tiempo que tengas disponible, tu tolerancia al riesgo y tus objetivos financieros. Hay diferentes estilos de trading, y cada uno tiene sus ventajas y desventajas. Vamos a explorar algunos de los más comunes para que puedas descubrir cuál encaja mejor contigo.

Uno de los tipos de trading más populares es el **day trading**, que consiste en comprar y vender activos en el mismo día. Los day traders no dejan abiertas sus operaciones durante la noche; todo se cierra antes de que termine el día de mercado. Este tipo de trading es ideal para las personas que les gusta estar frente a la computadora varias horas al día y tomar decisiones rápidas. Si eres alguien que disfruta de la acción y el movimiento constante, el day trading podría ser lo tuyo. Sin embargo, este estilo también requiere una gran concentración y habilidad para manejar el estrés, ya que los mercados pueden moverse rápidamente y las decisiones deben tomarse en cuestión de minutos o incluso segundos. Si te gustan los desafíos y tienes tiempo para dedicarle varias horas al día, podrías considerar probar el day trading.

Otro estilo de trading es el **swing trading**, que es un poco más relajado que el day trading. En el swing trading, las operaciones se mantienen abiertas durante varios días o incluso semanas. Los swing traders tratan de aprovechar los movimientos de precios a mediano plazo. A diferencia del day trader, el swing trader no está pegado a la pantalla todo el día. Este estilo es ideal para las personas que no tienen tanto tiempo, pero que aún quieren participar activamente en los mercados. Si tienes un trabajo a tiempo completo o no puedes dedicarle varias horas al día al trading, el swing trading podría ser una opción atractiva para ti. El ritmo es más pausado y tienes más tiempo para analizar tus operaciones antes de tomar decisiones.

También está el **scalping**, que es una de las formas más rápidas de hacer trading. El scalping consiste en hacer muchas operaciones en un período muy corto de tiempo, a menudo manteniendo una posición solo por unos minutos o incluso segundos. Los scalpers buscan pequeñas ganancias en cada operación, pero lo compensan haciendo muchas operaciones al día. Este estilo es perfecto para las personas que disfrutan del ritmo rápido y tienen la capacidad de tomar decisiones instantáneas. Sin embargo, también requiere una gran cantidad de enfoque y disciplina, ya que las ganancias por operación suelen ser pequeñas. El scalping no es para todos, pero si te gusta la adrenalina y prefieres entrar y salir rápidamente del mercado, podría ser una opción interesante para ti.

Otro estilo de trading es el **position trading**, que es el opuesto del scalping en muchos sentidos. Los position traders mantienen sus operaciones abiertas durante semanas, meses o incluso años. Estos traders no están interesados en los movimientos diarios del mercado; en cambio, se enfocan en tendencias a largo plazo. Este tipo de trading es ideal para las personas que tienen mucha paciencia y no quieren estar constantemente monitoreando los mercados. Si prefieres tomar decisiones a largo plazo y no te importa esperar para ver los resultados, el position trading podría ser tu estilo. Además, este tipo de trading suele ser menos estresante, ya que no necesitas estar todo el tiempo pendiente de las fluctuaciones diarias del mercado.

Un punto importante a considerar es tu **tolerancia al riesgo**. Algunos estilos de trading, como el scalping y el day trading, pueden ser más arriesgados porque los movimientos del mercado son rápidos y bruscos. Si no te sientes cómodo con la idea de perder dinero en un corto período de tiempo, tal vez estos estilos no sean para ti. En cambio, si prefieres un enfoque más conservador y con menos riesgo, el swing trading o el position trading podrían ser más adecuados.

También es importante que pienses en el **tiempo** que puedes dedicar al trading. Si tienes un trabajo de tiempo completo o muchas otras responsabilidades, probablemente no tengas tiempo para hacer day trading o scalping, que requieren estar disponibles durante el día. En este caso, el swing trading o el position trading, que son más flexibles en cuanto al tiempo, podrían encajar mejor con tu estilo de vida.

Además del tiempo y la tolerancia al riesgo, considera también tu **personalidad**. Algunas personas disfrutan de la emoción de las decisiones rápidas, mientras que otras prefieren analizar cuidadosamente cada movimiento antes de actuar. El tipo de trading que elijas debe coincidir con tu personalidad para que disfrutes el proceso. Si eres una persona que se siente cómoda con el caos y la velocidad, entonces el scalping o el day trading pueden ser emocionantes para ti. Si prefieres tomarte tu tiempo, el swing trading o el position trading podrían hacerte sentir más tranquilo y en control.

Al final, no hay una respuesta correcta o incorrecta. El mejor tipo de trading para ti es el que se ajuste a tus necesidades, personalidad y estilo de vida. Algunos traders prueban varios estilos antes de decidir cuál les funciona mejor.

Y lo más importante, recuerda que no importa qué tipo de trading elijas, lo fundamental es seguir aprendiendo, practicar y mejorar continuamente. El trading no es una carrera rápida, sino más bien una maratón en la que vas descubriendo lo que mejor se adapta a ti mientras avanzas.

25

Lectura de Gráficos de Precios

Aprender a leer gráficos de precios es como aprender a leer un nuevo idioma en el mundo del trading. Al principio puede parecer confuso, pero una vez que lo entiendes, es una de las herramientas más podcrosas que tienes a tu disposición. Los gráficos de precios te muestran el comportamiento de un activo a lo largo del tiempo y te ayudan a tomar decisiones sobre cuándo comprar o vender. En este capítulo, vamos a explicar cómo funcionan estos gráficos de manera sencilla y directa, para que puedas empezar a leerlos sin problemas.

Primero, es importante entender qué es un gráfico de precios. Un gráfico de precios es simplemente una representación visual del precio de un activo, como una acción o una criptomoneda, a lo largo del tiempo. El eje vertical del gráfico muestra el precio, mientras que el eje horizontal muestra el tiempo. Por lo tanto, al observar un gráfico, puedes ver cómo ha cambiado el precio de ese activo en minutos, horas, días o incluso meses, dependiendo de la escala de tiempo que elijas. Esta representación te permite identificar patrones y tendencias, lo que es clave para tomar decisiones inteligentes en el trading.

El tipo de gráfico más común y útil que vas a encontrar es el **gráfico de velas**, también conocido como gráfico de velas japonesas. Este gráfico está compuesto por una serie de "velas", que son pequeños rectángulos con líneas finas arriba y abajo, y cada una de estas velas representa un período de tiempo determinado, que puede ser un minuto, una hora, un día, etcétera. La vela te dice mucho sobre lo que pasó con el precio durante ese tiempo. Por ejemplo, si la vela es verde (o blanca en algunos gráficos), significa que el precio subió durante ese período. Si la vela es roja (o negra), significa que el precio bajó.

Cada vela tiene cuatro puntos clave que debes entender: la apertura, el cierre, el máximo y el mínimo. El precio de apertura es el precio al que comenzó la vela en ese período de tiempo, y el precio de cierre es donde terminó. Si la vela es verde, el precio de cierre estará por encima del precio de apertura, lo que significa que el precio subió. Si es roja, el precio de cierre estará por debajo del de apertura, lo que indica que el precio bajó. Las líneas finas que salen de la parte superior e inferior de la vela se llaman sombras, y te muestran el precio máximo y mínimo que alcanzó el activo durante ese período de tiempo. Entonces, una vela con sombras largas indica que el precio varió mucho, mientras que una vela con sombras cortas significa que el precio se mantuvo bastante estable.

Los gráficos de velas son muy populares porque, con solo una rápida mirada, te permiten ver no solo si el precio subió o bajó, sino también cuánto cambió y qué tan volátil fue el mercado durante ese período. Si ves muchas velas verdes seguidas, eso podría indicar una tendencia alcista, lo que significa que los precios están subiendo de manera constante. Por el contrario, si ves una serie de velas rojas, probablemente estés viendo una tendencia bajista, lo que sugiere que los precios están cayendo. Detectar estas tendencias te ayudará a saber si es un buen momento para comprar o vender.

Otra cosa importante que notarás al leer los gráficos es que los precios no se mueven en línea recta. Los mercados están en constante movimiento, y los precios suben y bajan de manera irregular. Por eso, cuando ves un gráfico, notarás que se forman picos y valles. Estos picos se llaman resistencias, y los valles se llaman soportes. La resistencia es un nivel de precio donde el activo parece tener dificultades para seguir subiendo. Es como un techo que el precio no puede romper fácilmente. El soporte, en cambio, es un nivel donde el precio deja de bajar y comienza a subir nuevamente, como si fuera un piso que evita que el precio caiga más. Identificar estos niveles de soporte y resistencia es esencial para saber cuándo entrar o salir de una operación.

Además de las velas y los niveles de soporte y resistencia, hay patrones que los traders experimentados buscan en los gráficos de precios. Estos patrones son figuras que se repiten con el tiempo y que pueden darte pistas sobre lo que podría pasar después. Por ejemplo, uno de los patrones más conocidos es el **doble techo**, que ocurre cuando el precio sube dos veces hasta el mismo nivel, pero no logra romper esa resistencia y luego cae. Este patrón suele indicar que el precio podría seguir bajando. Otro patrón común es el **doble suelo**, que es lo opuesto: el precio baja dos veces al mismo nivel, pero no cae más y luego comienza a subir. Esto sugiere que el precio podría empezar una tendencia alcista.

También hay otros patrones más avanzados, como las "cabeza y hombros" o los "triángulos", que los traders usan para predecir futuros movimientos de precios. Pero no te preocupes si todo esto te parece un poco complicado al principio. Lo importante es que empieces a familiarizarte con los gráficos y a practicar su lectura. Con el tiempo, empezarás a notar estos patrones de manera natural, y podrás usarlos para mejorar tus decisiones de trading.

Una vez que te sientas cómodo leyendo gráficos de velas, también puedes explorar otros tipos de gráficos, como los gráficos de barras o los gráficos de líneas. Los gráficos de barras son similares a los de velas, pero en lugar de usar rectángulos, solo tienen líneas que indican la apertura, el cierre, el máximo y el mínimo. Los gráficos de líneas, por otro lado, son mucho más simples y solo muestran una línea que conecta los precios de cierre a lo largo del tiempo. Aunque estos gráficos son más fáciles de entender a simple vista, no te dan tanta información como los gráficos de velas, por lo que la mayoría de los traders prefieren usar velas.

En resumen, aprender a leer gráficos de precios es una habilidad fundamental para cualquier trader. Los gráficos de velas son la herramienta más común y útil para visualizar los movimientos del mercado. Al aprender a leer las velas, identificar las tendencias y reconocer los patrones, estarás en una mejor posición para tomar decisiones informadas sobre cuándo comprar y vender. Al principio puede parecer complicado, pero con práctica y paciencia, la lectura de gráficos se volverá una parte natural y emocionante de tu rutina de trading.

32

Los Pilares del Análisis Técnico

El análisis técnico es una de las herramientas más utilizadas por los traders para tomar decisiones en el mercado. En lugar de centrarse en las noticias o en los aspectos fundamentales de una empresa o activo, como las ganancias o el crecimiento, el análisis técnico se enfoca en estudiar los gráficos de precios y el comportamiento pasado del mercado. La idea es que los precios se mueven en patrones y que estos patrones pueden repetirse, lo que permite predecir lo que podría suceder en el futuro. En este capítulo, vamos a explorar los pilares fundamentales del análisis técnico, para que puedas entender cómo funciona y cómo puedes usarlo en tu trading.

El primer pilar del análisis técnico es la idea de que **el precio lo descuenta todo**. Esto significa que toda la información relevante sobre un activo, ya sean noticias, rumores o expectativas, ya está reflejada en el precio actual. Según esta teoría, no necesitas analizar los eventos externos para tomar decisiones de trading; todo lo que necesitas está en el gráfico de precios. Esto hace que el análisis técnico sea una herramienta muy práctica y accesible, ya que no tienes que preocuparte por entender cada detalle económico o noticia que afecta al mercado. Solo necesitas enfocarte en el comportamiento del precio.

El segundo pilar es que **los precios se mueven en tendencias**. Esto es crucial para cualquier trader que utilice análisis técnico. Los mercados no se mueven de forma aleatoria; tienden a seguir direcciones claras durante un período de tiempo, ya sea hacia arriba (tendencia alcista), hacia abajo (tendencia bajista) o de forma lateral (sin tendencia clara). Si logras identificar una tendencia, puedes aprovecharla a tu favor, comprando cuando el mercado sube o vendiendo cuando el mercado baja. Para identificar estas tendencias, los traders usan una variedad de herramientas, como las medias móviles, que suavizan los movimientos de precios y te ayudan a ver la dirección general del mercado. La clave aquí es que, una vez que se forma una tendencia, es probable que continúe en esa dirección hasta que algo haga que cambie.

El tercer pilar del análisis técnico es que **la historia tiende a repetirse**. Esto se basa en la idea de que los humanos, en su conjunto, tienden a comportarse de manera similar en situaciones similares. En otras palabras, las emociones como el miedo y la codicia influyen en el comportamiento de los traders, y esas emociones crean patrones en los gráficos que se repiten con el tiempo. Si puedes identificar un patrón en el pasado que llevó a un determinado movimiento de precios, podrías esperar que, cuando ese patrón aparezca nuevamente, el mercado se comporte de forma similar. Este concepto es la base de muchos patrones de gráficos que los traders técnicos buscan, como el "doble techo" o el "hombro-cabeza-hombro", que mencionamos anteriormente.

Un aspecto fundamental del análisis técnico son los **niveles de soporte y resistencia**. El soporte es un nivel de precio en el que un activo tiende a detener su caída y rebotar hacia arriba. Es como un piso que evita que el precio caiga más. Por otro lado, la resistencia es un nivel donde el precio tiene dificultades para seguir subiendo, como si hubiera un techo que el mercado no puede romper. Los traders buscan estos niveles porque son puntos importantes donde es probable que el precio cambie de dirección. Si el precio está cerca de un nivel de soporte, podrías considerar comprar, esperando que el precio rebote. Si el precio está cerca de un nivel de resistencia, podrías vender, anticipando que el precio baje.

Otro pilar importante del análisis técnico es el **volumen**. El volumen es la cantidad de operaciones que se realizan en un determinado activo en un período de tiempo. Cuando el volumen es alto, significa que hay mucho interés en ese activo, y cuando el volumen es bajo, significa que no hay tantas operaciones ocurriendo. El volumen es importante porque puede confirmar las tendencias. Por ejemplo, si el precio está subiendo y el volumen también aumenta, eso podría ser una señal de que la tendencia alcista es fuerte y continuará. Por otro lado, si el precio está subiendo pero el volumen está disminuyendo, eso podría ser una señal de que la tendencia está perdiendo fuerza y podría revertirse pronto. Usar el volumen como una herramienta adicional en tu análisis técnico te dará una mejor idea de la fuerza de una tendencia.

Las **medias móviles** son otra herramienta esencial en el análisis técnico. Una media móvil es simplemente el precio promedio de un activo durante un cierto número de días. Por ejemplo, una media móvil de 10 días calcula el promedio de los precios de los últimos 10 días. Esto te ayuda a suavizar las fluctuaciones diarias de los precios y ver la tendencia general. Las medias móviles también se usan para identificar puntos de entrada y salida en el mercado. Cuando el precio cruza por encima de una media móvil, podría ser una señal de compra, y cuando el precio cruza por debajo, podría ser una señal de venta. Algunos traders utilizan varias medias móviles al mismo tiempo para buscar cruces entre ellas, lo que puede ser una señal de que se avecina un cambio de tendencia.

Una de las herramientas más utilizadas por los traders técnicos son los **indicadores técnicos**, que son cálculos matemáticos aplicados a los gráficos de precios. Estos indicadores te ayudan a identificar posibles oportunidades de trading. Uno de los más conocidos es el **Índice de Fuerza Relativa (RSI)**, que mide si un activo está sobrecomprado o sobrevendido. Si el RSI está muy alto, eso podría ser una señal de que el activo está sobrecomprado y que el precio podría caer pronto. Si el RSI está muy bajo, eso podría indicar que el activo está sobrevendido y que el precio podría subir. Otro indicador popular es el **MACD (Media Móvil de Convergencia y Divergencia)**, que ayuda a identificar cambios en la fuerza, dirección, impulso y duración de una tendencia.

Finalmente, el análisis técnico no se trata solo de estudiar gráficos y aplicar herramientas. También requiere una buena dosis de **disciplina y paciencia**. Los traders que utilizan análisis técnico a menudo se enfrentan a la tentación de tomar decisiones impulsivas basadas en movimientos repentinos del mercado. Sin embargo, los traders más exitosos son aquellos que siguen sus estrategias cuidadosamente y se adhieren a sus reglas, incluso cuando el mercado se vuelve volátil. Es importante recordar que el análisis técnico no es una ciencia exacta y que ningún método de trading garantiza ganancias. Sin embargo, al aplicar estos pilares y usar herramientas como el análisis de tendencias, soporte y resistencia, volumen y patrones de gráficos, puedes aumentar tus posibilidades de tomar decisiones informadas y mejorar tu éxito en el trading.

En resumen, los pilares del análisis técnico se basan en tres ideas clave: que el precio lo descuenta todo, que los precios se mueven en tendencias y que la historia tiende a repetirse. Al aprender a identificar tendencias, analizar niveles de soporte y resistencia, y usar herramientas como el volumen y los indicadores técnicos, estarás mejor preparado para navegar en los mercados financieros y tomar decisiones más acertadas.

Patrones Gráficos Básicos

Los patrones gráficos básicos son una de las herramientas más importantes que los traders utilizan para tomar decisiones en el mercado. Estos patrones se forman en los gráficos de precios debido al comportamiento repetitivo de los participantes del mercado, y los traders los estudian para predecir hacia dónde podría moverse el precio de un activo. Entender estos patrones es como tener un mapa que te guiará en el camino de tu operación, ayudándote a identificar posibles puntos de compra o venta. En este capítulo, vamos a explorar algunos de los patrones gráficos más básicos y cómo puedes usarlos en tu estrategia de trading.

Uno de los patrones gráficos más conocidos es el **doble techo**. Este patrón se forma cuando el precio de un activo sube hasta un cierto nivel, luego baja un poco, y después vuelve a subir al mismo nivel sin poder romperlo, formando dos picos que parecen una "M". El doble techo indica que el precio tiene dificultades para superar un nivel de resistencia, lo que podría significar que está perdiendo fuerza y es probable que baje pronto. Es como si el precio intentara romper una barrera dos veces pero fallara en ambas ocasiones, lo que sugiere que los compradores están perdiendo impulso. Una vez que el precio cae después de formar el segundo pico, puede ser una señal para vender o salir de una posición, ya que es probable que el precio siga cayendo.

En el otro extremo, tenemos el **doble suelo**, que es básicamente el opuesto del doble techo. Este patrón se forma cuando el precio cae hasta un nivel bajo, luego sube un poco, y después vuelve a bajar al mismo nivel sin poder romper ese "suelo", formando dos valles que se parecen a una "W". El doble suelo indica que el precio está encontrando un nivel de soporte fuerte, lo que sugiere que los vendedores están perdiendo fuerza y el precio podría empezar a subir. Este patrón es una señal alcista, y cuando el precio sube después de formar el segundo valle, puede ser una buena oportunidad para comprar, esperando que el precio continúe su tendencia al alza.

Otro patrón gráfico básico es el **hombro-cabeza-hombro**, que es un poco más complicado pero muy popular entre los traders. Este patrón se forma cuando el precio de un activo sube hasta un nivel alto (el primer hombro), luego baja un poco, después sube aún más alto (la cabeza), y finalmente baja otra vez antes de subir por última vez a un nivel más bajo (el segundo hombro). Este patrón es una señal de que el mercado podría estar cambiando de una tendencia alcista a una bajista. Los traders interpretan este patrón como una indicación de que el impulso de los compradores se está debilitando, y cuando el precio rompe el nivel de soporte que conecta los dos hombros, esto puede ser una señal para vender, ya que es probable que el precio continúe cayendo.

El patrón inverso al hombro-cabeza-hombro es el **hombro-cabeza-hombro invertido**, que, como su nombre lo indica, es simplemente el patrón al revés. En lugar de ser una señal bajista, este patrón es una señal alcista, lo que sugiere que el precio podría empezar a subir después de formar el segundo hombro invertido. Los traders buscan este patrón cuando creen que el mercado está por cambiar de una tendencia bajista a una tendencia alcista. Cuando el precio rompe el nivel de resistencia que conecta los dos hombros invertidos, eso puede ser una señal para comprar, ya que el precio probablemente seguirá subiendo.

Otro patrón gráfico que es bastante común es el **triángulo**. Los triángulos se forman cuando el precio se mueve dentro de un rango cada vez más estrecho, creando una figura que parece, bueno, un triángulo. Hay tres tipos principales de triángulos: el triángulo ascendente, el triángulo descendente y el triángulo simétrico. El triángulo ascendente es un patrón alcista que se forma cuando el precio hace mínimos más altos, pero sigue golpeando un nivel de resistencia horizontal. Es como si el precio estuviera acumulando energía antes de romper hacia arriba. Los traders esperan a que el precio rompa la resistencia para entrar en una posición de compra.

El triángulo descendente, por otro lado, es un patrón bajista que se forma cuando el precio hace máximos más bajos, pero sigue tocando un nivel de soporte horizontal. En este caso, los traders esperan que el precio rompa el soporte para vender, ya que es probable que continúe cayendo. El triángulo simétrico es un patrón neutral, lo que significa que el precio podría romper en cualquier dirección, y los traders observan de cerca para ver hacia dónde se mueve antes de tomar una decisión.

Un patrón que también es muy utilizado es el **banderín**. Los banderines se forman cuando el precio se mueve en una tendencia fuerte, ya sea hacia arriba o hacia abajo, y luego entra en un período de consolidación, creando una figura que parece una pequeña bandera. Los traders consideran que los banderines son patrones de continuación, lo que significa que el precio probablemente continuará en la misma dirección después de la consolidación. Si el banderín se forma en una tendencia alcista, es probable que el precio siga subiendo, y si se forma en una tendencia bajista, es probable que el precio siga cayendo.

Además de los patrones que hemos mencionado, hay muchos otros patrones gráficos que los traders utilizan, como los **rectángulos**, los **cuñas** y los **canales**. Los rectángulos se forman cuando el precio se mueve en un rango estrecho, rebotando entre un nivel de soporte y un nivel de resistencia. Los traders esperan a que el precio rompa uno de estos niveles para tomar una posición, ya que el rompimiento suele indicar una nueva tendencia. Las cuñas son patrones que se parecen a los triángulos, pero son más inclinadas y estrechas, y también pueden ser alcistas o bajistas. Los canales, por otro lado, son áreas en las que el precio se mueve dentro de dos líneas paralelas, lo que indica una tendencia constante.

La clave para aprovechar los patrones gráficos es la paciencia. Los patrones no se forman de inmediato, y puede tomar tiempo antes de que el mercado muestre señales claras. Es importante recordar que los patrones gráficos no garantizan que el precio se moverá en una dirección u otra; simplemente te dan una indicación de lo que podría pasar. Como trader, tu trabajo es estar atento a estos patrones y usarlos como una herramienta más para tomar decisiones informadas. Combinar el análisis de patrones gráficos con otras herramientas, como el volumen o los indicadores técnicos, puede aumentar tus probabilidades de éxito.

En resumen, los patrones gráficos básicos son figuras que se forman en los gráficos de precios debido al comportamiento repetitivo del mercado. Estos patrones te permiten identificar posibles cambios en la dirección del precio y te ayudan a tomar decisiones de compra o venta. Ya sea que estés buscando un doble techo, un hombro-cabeza-hombro o un triángulo, la clave es observar el mercado con cuidado, ser paciente y usar estos patrones como parte de una estrategia de trading bien pensada. Con el tiempo y la práctica, empezarás a identificar estos patrones con mayor facilidad, y se convertirán en una herramienta esencial en tu arsenal de trading.

¿Qué son las Velas Japonesas?

Las velas japonesas son una de las formas más populares de representar el movimiento de precios en los gráficos financieros. Se usan mucho en el trading porque brindan mucha información de una manera simple y visual. Estas velas no solo muestran el precio de un activo en un momento dado, sino que también revelan cómo ha cambiado a lo largo de un período de tiempo determinado. Las velas japonesas permiten a los traders ver con claridad si el precio está subiendo o bajando, si hay presión de compra o de venta, y ayudan a identificar posibles puntos de entrada y salida en una operación.

Cada vela japonesa está compuesta por varias partes clave: el cuerpo y las sombras. El cuerpo de la vela es el bloque central, que indica el rango entre el precio de apertura y el precio de cierre de un activo en un período específico. Si el cuerpo es de color verde (o blanco, en algunos gráficos), significa que el precio de cierre fue más alto que el precio de apertura, lo que indica que el precio subió durante ese período. Si el cuerpo es rojo (o negro), significa que el precio de cierre fue más bajo que el precio de apertura, lo que indica que el precio bajó. Este simple cambio de color permite a los traders ver de inmediato si el mercado está dominado por compradores o por vendedores.

Las sombras, también llamadas mechas o colas, son las líneas que se extienden desde la parte superior e inferior del cuerpo de la vela. Estas sombras muestran los precios más altos y más bajos alcanzados durante el período. Si una vela tiene una sombra larga hacia arriba, significa que el precio llegó a subir bastante, pero luego bajó antes del cierre. Esto puede ser una señal de que los compradores intentaron empujar el precio hacia arriba, pero no tuvieron suficiente fuerza para mantenerlo allí. Por otro lado, si la vela tiene una sombra larga hacia abajo, significa que el precio bajó mucho durante el período, pero luego subió antes del cierre, lo que puede ser una señal de que los vendedores no lograron mantener el precio bajo.

Cada vela representa un período de tiempo que puede variar según el gráfico que estés utilizando. Por ejemplo, en un gráfico de velas japonesas de un minuto, cada vela muestra el movimiento del precio durante un solo minuto. En un gráfico de una hora, cada vela representa una hora de movimiento de precios, y así sucesivamente. Este formato permite a los traders ver tanto la acción del precio a corto plazo como las tendencias más amplias en el tiempo. La capacidad de cambiar entre diferentes marcos temporales es muy útil, ya que proporciona una visión más completa del mercado.

Uno de los aspectos más valiosos de las velas japonesas es que, al observarlas, se pueden identificar patrones que pueden ayudarte a predecir el comportamiento futuro del mercado. Algunos patrones de velas son señales alcistas, lo que significa que sugieren que el precio podría subir, mientras que otros son señales bajistas, lo que indica que el precio podría bajar. Aprender a identificar estos patrones puede hacer una gran diferencia en tu capacidad para tomar decisiones de trading informadas.

Un patrón alcista muy conocido es la vela llamada **martillo**. El martillo se forma cuando el precio baja considerablemente durante un período, pero luego se recupera y cierra cerca de su precio de apertura, creando una sombra larga hacia abajo y un cuerpo pequeño en la parte superior. Este patrón sugiere que los vendedores dominaron al principio, pero que los compradores tomaron el control al final, lo que indica una posible reversión alcista. Los traders ven el martillo como una señal de que el precio podría estar a punto de subir, especialmente si aparece después de una tendencia bajista.

Por otro lado, uno de los patrones bajistas más conocidos es la vela llamada **estrella fugaz**. La estrella fugaz es lo opuesto al martillo: tiene un cuerpo pequeño cerca de la parte inferior y una sombra larga hacia arriba. Esto muestra que los compradores intentaron llevar el precio más alto, pero los vendedores tomaron el control y lograron bajar el precio antes del cierre. Los traders ven la estrella fugaz como una señal de que el precio podría estar a punto de caer, especialmente si aparece después de una tendencia alcista.

Otro patrón de vela que a menudo aparece en los gráficos es el **doji**. Un doji se forma cuando el precio de apertura y el precio de cierre son prácticamente iguales, lo que crea una vela con un cuerpo muy pequeño o sin cuerpo en absoluto, pero con sombras hacia arriba o hacia abajo. El doji indica indecisión en el mercado, ya que ni los compradores ni los vendedores fueron capaces de dominar durante el período. Los traders interpretan el doji como una señal de que el mercado está en un punto de equilibrio y que un cambio de tendencia podría estar cerca.

Una de las razones por las que las velas japonesas son tan efectivas es que te permiten ver claramente las emociones del mercado. Si ves muchas velas con cuerpos grandes y sombras pequeñas, significa que hay mucha convicción en la dirección del precio, ya sea hacia arriba o hacia abajo. Si las velas tienen cuerpos pequeños y sombras largas, indica que el mercado está más nervioso o indeciso. Estas pistas visuales son muy útiles para entender la psicología del mercado, ya que te muestran si los participantes están confiados o inseguros.

Es importante mencionar que no todas las velas o patrones deben tomarse como señales definitivas. Las velas japonesas son solo una parte de la imagen más grande del análisis técnico. Es fundamental combinarlas con otras herramientas, como los niveles de soporte y resistencia, los indicadores técnicos y el volumen, para tener una idea más clara de lo que podría pasar en el mercado. Sin embargo, cuando se usan correctamente, las velas japonesas son una herramienta muy poderosa para los traders.

Al aprender a leer e interpretar velas japonesas, te estarás equipando con una habilidad esencial para el trading. No solo te ayudarán a identificar posibles puntos de entrada y salida, sino que también te permitirán ver lo que está sucediendo en el mercado en tiempo real. Con el tiempo y la práctica, empezarás a ver patrones y comportamientos repetitivos en los gráficos que te ayudarán a tomar decisiones más informadas.

En resumen, las velas japonesas son una forma visual de representar el movimiento de precios que brinda a los traders información clara y valiosa. Cada vela muestra el precio de apertura, el precio de cierre, el precio más alto y el más bajo en un período determinado, y su forma y color permiten ver de inmediato si el mercado está subiendo o bajando. Al observar patrones de velas como el martillo, la estrella fugaz o el doji, los traders pueden identificar posibles cambios en la dirección del mercado y tomar decisiones más informadas. Aunque las velas japonesas son solo una parte del análisis técnico, son una herramienta esencial que puede mejorar significativamente tu capacidad para leer y entender el mercado.

Cómo Usar Indicadores Técnicos

Los indicadores técnicos son herramientas que los traders usan para analizar el movimiento de los precios y predecir lo que podría suceder en el futuro. Son una parte fundamental del análisis técnico, ya que te ayudan a entender mejor las tendencias, la volatilidad y otros aspectos del mercado que no siempre son fáciles de ver a simple vista. Los indicadores se basan en datos históricos del precio, como el precio de cierre, el precio de apertura, los máximos y mínimos, e incluso el volumen de operaciones. Aunque los indicadores no garantizan que siempre tomarás la decisión correcta, te dan una ventaja al ofrecer señales basadas en patrones que se repiten en el mercado.

Uno de los indicadores técnicos más conocidos es la media móvil. La media móvil se utiliza para suavizar las fluctuaciones de los precios y ayudar a identificar la dirección general del mercado, también conocida como la tendencia. Básicamente, este indicador toma el precio promedio de un activo durante un período de tiempo determinado. Si el precio está por encima de la media móvil, se dice que el mercado está en una tendencia alcista; si está por debajo, el mercado está en una tendencia bajista. Las medias móviles pueden ser de corto, mediano o largo plazo, dependiendo de cuántos días se estén promediando. Cuanto más largo sea el período de tiempo que cubre la media móvil, más suave será la línea, pero también responderá más lentamente a los cambios en el precio.

Una variación de la media móvil es la media móvil exponencial. La diferencia entre la media móvil simple y la exponencial es que esta última da más peso a los precios recientes, lo que la hace más sensible a los cambios de corto plazo en el mercado. Muchos traders prefieren la media móvil exponencial porque les permite reaccionar más rápido a posibles cambios en la tendencia. Por ejemplo, si el precio cruza por encima de la media móvil exponencial, puede ser una señal de que el mercado está comenzando una tendencia alcista, y viceversa.

Otro indicador técnico muy utilizado es el índice de fuerza relativa, conocido como RSI por sus siglas en inglés. El RSI mide la velocidad y el cambio de los movimientos de precio para indicar si un activo está sobrecomprado o sobrevendido. Este indicador oscila entre 0 y 100, y cuando el RSI está por encima de 70, sugiere que el activo está sobrecomprado, lo que podría indicar una posible caída en el precio. Cuando el RSI está por debajo de 30, sugiere que el activo está sobrevendido, lo que podría señalar una oportunidad de compra. Muchos traders usan el RSI como una señal para entrar o salir del mercado, especialmente cuando está en niveles extremos.

El indicador de bandas de Bollinger es otra herramienta popular que ayuda a los traders a evaluar la volatilidad del mercado. Las bandas de Bollinger consisten en tres líneas: una media móvil en el centro y dos líneas adicionales llamadas "bandas" que se colocan a cierta distancia por encima y por debajo de la media móvil. Estas bandas se expanden y contraen según la volatilidad del mercado. Cuando el precio se mueve cerca de la banda superior, se considera que el activo está sobrecomprado, y cuando se acerca a la banda inferior, se dice que está sobrevendido. Las bandas de Bollinger son útiles para identificar condiciones extremas del mercado y pueden ayudarte a predecir posibles reversiones de tendencia.

El volumen es otro aspecto importante que los traders observan al usar indicadores técnicos. Aunque el volumen en sí no es un indicador, muchos indicadores técnicos se basan en él para confirmar las señales de compra o venta. Por ejemplo, cuando el precio de un activo sube y el volumen también aumenta, es una señal de que la tendencia podría ser fuerte y tener respaldo. Sin embargo, si el precio sube, pero el volumen baja, es posible que la tendencia no sea tan sólida y que el precio pueda revertirse pronto. Los indicadores basados en el volumen, como el oscilador de volumen o el indicador de acumulación/distribución, son útiles para ver si los movimientos de precio tienen un respaldo sólido.

El MACD, o convergencia/divergencia de medias móviles, es otro indicador que muchos traders usan para identificar cambios en la tendencia. El MACD se calcula restando una media móvil exponencial de 26 días de una media móvil exponencial de 12 días. Luego, se traza una línea llamada "línea MACD" y una segunda línea llamada "línea de señal", que es una media móvil exponencial de 9 días de la línea MACD. Cuando la línea MACD cruza por encima de la línea de señal, es una señal de compra, y cuando cruza por debajo, es una señal de venta. Este indicador es popular porque combina la información de dos medias móviles y ayuda a los traders a detectar cambios en la dirección de la tendencia.

Un concepto clave que debes recordar al usar indicadores técnicos es que ninguno es perfecto ni infalible. Los indicadores son solo herramientas que te brindan pistas sobre lo que podría estar sucediendo en el mercado, pero no te dicen con certeza lo que va a pasar. Por esta razón, muchos traders usan varios indicadores al mismo tiempo para confirmar sus análisis. Por ejemplo, puedes usar una combinación de la media móvil, el RSI y las bandas de Bollinger para obtener una visión más completa de la situación. Si varios indicadores te están dando señales similares, es más probable que esas señales sean confiables.

Es importante no sobrecargar tu gráfico con demasiados indicadores. A veces, los traders novatos caen en la trampa de usar demasiados indicadores al mismo tiempo, lo que puede generar confusión y señales contradictorias. Lo mejor es elegir unos pocos indicadores que comprendas bien y que se adapten a tu estilo de trading. Además, es esencial practicar el uso de estos indicadores en una cuenta demo o con pequeñas cantidades de dinero antes de usarlos en operaciones grandes. Esto te ayudará a familiarizarte con ellos y a aprender cómo funcionan en diferentes condiciones del mercado.

Otro aspecto a considerar es que los indicadores técnicos suelen funcionar mejor en mercados que están en tendencia. Cuando el mercado se mueve de manera lateral o sin una dirección clara, las señales de los indicadores pueden volverse menos confiables. En esos casos, es útil combinar el análisis técnico con el análisis fundamental, que se enfoca en factores externos que pueden afectar el precio de un activo, como noticias económicas, informes de ganancias o decisiones políticas.

En resumen, los indicadores técnicos son herramientas valiosas que pueden ayudarte a analizar el mercado y tomar decisiones más informadas en tus operaciones de trading. Desde la media móvil y el RSI hasta las bandas de Bollinger y el MACD, cada indicador tiene su propio propósito y te ofrece una perspectiva diferente sobre el comportamiento del precio. Al usarlos de manera combinada y con prudencia, puedes mejorar tus probabilidades de éxito en el mercado. Sin embargo, recuerda que ningún indicador es infalible, por lo que es fundamental practicar y desarrollar tu propio enfoque para aprovechar al máximo estas herramientas.

Controlando las Emociones

El control de las emociones es una parte fundamental en el mundo del trading. Muchos traders, especialmente los principiantes, piensan que el éxito en este campo depende únicamente de tener una buena estrategia o de conocer bien los mercados. Sin embargo, la realidad es que las emociones juegan un papel crucial en las decisiones que tomas, y si no aprendes a manejarlas, pueden llevarte a cometer errores costosos. Desde la euforia hasta el miedo, pasando por la frustración y la avaricia, todas estas emociones pueden influir en tu comportamiento y hacer que tomes decisiones irracionales que van en contra de tus intereses a largo plazo.

Una de las emociones más comunes que experimentan los traders es el miedo. El miedo puede aparecer de diferentes formas: miedo a perder dinero, miedo a perder una buena oportunidad, o incluso miedo a equivocarse. Este miedo puede hacer que cierres una operación antes de tiempo, lo que te impide maximizar tus ganancias, o puede hacer que te quedes fuera del mercado por completo, perdiendo oportunidades. Aprender a controlar este miedo es clave para convertirte en un trader más eficiente. El miedo es una respuesta natural cuando se trata de dinero, pero la clave está en no dejar que te paralice o te haga tomar decisiones precipitadas. Para superar el miedo, es importante tener un plan bien definido antes de entrar en el mercado y confiar en tus análisis.

Otra emoción que debes aprender a manejar es la avaricia. Es fácil dejarse llevar cuando ves que tus operaciones están generando ganancias y piensas que el mercado seguirá a tu favor indefinidamente. La avaricia puede hacer que mantengas una posición abierta más tiempo del necesario, esperando obtener más ganancias, lo que a menudo resulta en pérdidas cuando el mercado cambia de dirección. La avaricia también puede hacer que arriesgues más dinero del que deberías en una sola operación, creyendo que una racha ganadora continuará para siempre. Para evitar que la avaricia te controle, es fundamental establecer metas claras de ganancias y tener la disciplina de cerrarlas cuando se alcancen, sin dejarte llevar por la tentación de querer siempre más.

La frustración es otra emoción que afecta a muchos traders, especialmente después de una serie de pérdidas. Es fácil sentirse frustrado cuando las cosas no salen como esperabas, pero la frustración puede llevar a tomar decisiones impulsivas. Un error común es intentar recuperar las pérdidas rápidamente abriendo operaciones más grandes o arriesgadas. Esto se conoce como "venganza" en el trading, y suele acabar en más pérdidas. Para controlar la frustración, es importante aceptar que las pérdidas son parte natural del proceso. No puedes ganar en todas las operaciones, y eso está bien. Lo importante es aprender de los errores y seguir adelante sin dejar que la frustración afecte tu juicio.

La euforia es otra emoción peligrosa que puede aparecer después de una serie de operaciones exitosas. Cuando experimentas una racha de victorias, es natural sentirte invencible. Sin embargo, la euforia puede hacer que te vuelvas descuidado, dejando de seguir tus reglas de trading o arriesgando más de lo que deberías. Algunos traders, después de tener varias operaciones ganadoras, se sienten tan confiados que empiezan a operar de manera impulsiva, sin el análisis adecuado o sin seguir su plan de trading. Esta confianza excesiva suele llevar a pérdidas significativas. Para evitar que la euforia te controle, es fundamental mantener los pies en la tierra y recordar que el mercado es impredecible. Cada operación debe ser tratada con el mismo cuidado, sin importar cuántas victorias hayas tenido.

Una de las formas más efectivas de controlar las emociones en el trading es tener un plan de trading bien definido. Este plan debe incluir tus objetivos de ganancias, tus niveles de riesgo, y las reglas que vas a seguir en cada operación. Al tener un plan claro, reduces la posibilidad de tomar decisiones impulsivas basadas en emociones. Si sigues tu plan, te será más fácil mantener la calma y tomar decisiones racionales, incluso cuando el mercado esté en movimiento. El plan también te ayudará a mantener la disciplina, que es esencial para tener éxito en el trading a largo plazo.

Otra herramienta útil para controlar las emociones es establecer límites claros en cada operación. Esto incluye establecer un stop-loss, que es el nivel en el que cerrarás una operación si el mercado va en tu contra, y un take-profit, que es el nivel en el que cerrarás una operación una vez que hayas alcanzado tus ganancias deseadas. Al tener estos niveles predeterminados, te quitas la presión de tener que tomar decisiones en medio de la operación, lo que puede ayudar a reducir el impacto de las emociones. Además, un stop-loss te protege de pérdidas mayores, lo que puede reducir el miedo y la ansiedad.

La práctica de mindfulness o atención plena también puede ser una herramienta poderosa para controlar las emociones en el trading. La atención plena implica estar completamente presente en el momento, sin dejar que tus pensamientos o emociones te dominen. Al aplicar la atención plena en el trading, puedes observar tus emociones sin dejar que te controlen. Si sientes que el miedo o la avaricia están comenzando a influir en tus decisiones, puedes tomarte un momento para respirar profundamente y reconectar con tu plan de trading antes de actuar. Practicar mindfulness de manera regular también puede ayudarte a ser más consciente de tus patrones emocionales y a desarrollar una mayor capacidad para mantener la calma bajo presión.

Es importante recordar que el control de las emociones no significa ignorarlas o reprimirlas. Las emociones son una parte natural de ser humano, y es imposible eliminarlas por completo. El objetivo es reconocerlas cuando surgen y aprender a manejarlas de manera efectiva. Esto requiere práctica y autoconocimiento. Cuanto más te conozcas a ti mismo y cómo reaccionas en diferentes situaciones de mercado, más fácil te será controlar tus emociones en el futuro.

Por último, es fundamental tener en cuenta que el trading es un maratón, no una carrera de velocidad. Los traders exitosos no se dejan llevar por los altibajos emocionales de cada operación individual. En lugar de eso, se enfocan en el panorama general y se esfuerzan por ser consistentes a lo largo del tiempo. Si puedes aprender a controlar tus emociones, serás capaz de tomar decisiones más racionales y tendrás más probabilidades de tener éxito a largo plazo en el mundo del trading.

Cómo Proteger tu Capital

Proteger tu capital es una de las tareas más importantes para cualquier trader. Sin importar cuán buenas sean tus estrategias o cuánta experiencia tengas en el mercado, si no cuidas tu capital, tus días como trader estarán contados. En este capítulo, te explicaré de manera sencilla y directa cómo puedes proteger tu capital y asegurar que puedas seguir operando en los mercados a largo plazo.

Primero, es esencial entender que el capital es la base sobre la que construyes tu carrera de trading. Sin capital, no puedes operar, y sin operaciones, no puedes generar ganancias. Por lo tanto, proteger tu capital debe ser siempre tu prioridad número uno. Una de las formas más efectivas de hacerlo es mediante el uso de un stop-loss en cada operación que realices. Un stop-loss es una orden que le das a tu broker para que cierre una posición si el precio se mueve en tu contra hasta un cierto nivel. Esto te ayuda a limitar tus pérdidas y a evitar que una operación desfavorable consuma una parte significativa de tu capital.

El siguiente paso para proteger tu capital es entender y aplicar correctamente el concepto de gestión de riesgo. La gestión de riesgo implica determinar cuánto de tu capital estás dispuesto a arriesgar en cada operación. Una regla general es no arriesgar más del 1% al 2% de tu capital en una sola operación. Por ejemplo, si tienes un capital de 10,000 dólares, no deberías arriesgar más de 100 a 200 dólares por operación. De esta manera, incluso si tienes una serie de pérdidas, no perderás una parte significativa de tu capital. La gestión de riesgo es crucial porque te permite sobrevivir a los inevitables altibajos del mercado.

Otra estrategia importante para proteger tu capital es diversificar tus inversiones. En lugar de poner todo tu dinero en un solo activo o mercado, distribuye tu capital entre diferentes activos y mercados. La diversificación reduce el riesgo porque no todos los mercados y activos se moverán en la misma dirección al mismo tiempo. Si uno de tus activos tiene un mal rendimiento, otros podrían tener un buen rendimiento, compensando así las pérdidas. La diversificación es una manera efectiva de minimizar el riesgo y proteger tu capital.

Además, es esencial evitar el sobreapalancamiento. El apalancamiento te permite controlar una posición más grande de lo que tu capital normalmente permitiría. Aunque esto puede aumentar tus ganancias, también puede amplificar tus pérdidas. Si utilizas demasiado apalancamiento y el mercado se mueve en tu contra, podrías perder una parte significativa de tu capital muy rápidamente. Por lo tanto, es importante usar el apalancamiento con precaución y asegurarte de que entiendes los riesgos asociados antes de utilizarlo en tus operaciones.

Otra técnica crucial para proteger tu capital es mantener un diario de trading. En este diario, debes registrar todas tus operaciones, incluyendo los detalles de la entrada y salida, las razones detrás de cada operación y los resultados obtenidos. Al revisar tu diario de trading regularmente, podrás identificar patrones en tu comportamiento y en tus decisiones de trading. Esto te permitirá aprender de tus errores y ajustar tus estrategias para mejorar tus resultados. Un diario de trading te proporciona una visión objetiva de tu desempeño y te ayuda a tomar decisiones más informadas en el futuro.

Además, es importante mantener una mentalidad disciplinada y evitar dejarte llevar por las emociones. El miedo y la avaricia son dos emociones que pueden llevarte a tomar decisiones irracionales que pongan en riesgo tu capital. Para mantener la disciplina, sigue siempre tu plan de trading y no te desvíes de tus reglas establecidas, sin importar cómo te sientas en el momento. Mantener la calma y la objetividad te permitirá tomar decisiones más racionales y proteger tu capital de las influencias emocionales.

La educación continua es otro aspecto clave para proteger tu capital. El mundo del trading está en constante evolución, y lo que funciona hoy puede no funcionar mañana. Mantente siempre informado y actualizado sobre las últimas tendencias, herramientas y estrategias de trading. Participa en seminarios, lee libros y sigue a traders experimentados para aprender de sus experiencias. Cuanto más informado estés, mejor preparado estarás para tomar decisiones que protejan tu capital.

También es importante tener un plan de contingencia. A veces, a pesar de todas tus precauciones, las cosas pueden salir mal. Tener un plan de contingencia significa que estás preparado para cualquier eventualidad y sabes cómo reaccionar si el mercado se mueve en tu contra de manera inesperada. Esto puede incluir tener fondos adicionales reservados para emergencias o saber cuándo es el momento de retirarse y reevaluar tu estrategia.

Finalmente, recuerda que el trading es una carrera de largo plazo. No te preocupes por ganar mucho dinero rápidamente. En su lugar, concéntrate en proteger tu capital y en construir una base sólida para tus operaciones. Si puedes evitar grandes pérdidas y mantener tu capital intacto, tendrás muchas más oportunidades para obtener ganancias en el futuro. La paciencia y la prudencia son tus mejores aliadas en el trading.

En resumen, proteger tu capital implica el uso de stop-loss, una gestión de riesgo adecuada, diversificación, evitar el sobreapalancamiento, mantener un diario de trading, controlar las emociones, continuar educándote, tener un plan de contingencia y adoptar una mentalidad de largo plazo. Al seguir estos principios, estarás en una mejor posición para proteger tu capital y tener éxito en el mundo del trading a largo plazo. Recuerda siempre que tu capital es la base de tu carrera como trader, y protegerlo debe ser tu prioridad número uno.

El Poder de las Tendencias

El poder de las tendencias es un concepto fundamental en el mundo del trading. Las tendencias son la dirección en la que se mueve el mercado durante un período de tiempo. Pueden ser ascendentes, descendentes o laterales. Entender las tendencias y cómo aprovecharlas puede marcar una gran diferencia en tu éxito como trader. En este capítulo, exploraremos qué son las tendencias, por qué son importantes y cómo puedes utilizarlas a tu favor de manera sencilla y efectiva.

Una tendencia ascendente ocurre cuando los precios están subiendo de manera constante. Esto significa que los compradores están dominando el mercado y empujando los precios hacia arriba. Por otro lado, una tendencia descendente se da cuando los precios están bajando de manera continua, lo que indica que los vendedores están en control y están llevando los precios hacia abajo. Finalmente, una tendencia lateral se presenta cuando los precios se mueven en un rango estrecho, sin una dirección clara hacia arriba o hacia abajo. En estos periodos, ni los compradores ni los vendedores tienen un control claro del mercado.

¿Por qué son importantes las tendencias? Porque operar a favor de una tendencia te coloca en una posición ventajosa. Cuando sigues la dirección del mercado, estás alineado con la fuerza predominante, lo que aumenta tus posibilidades de éxito. Por ejemplo, si estás en una tendencia ascendente, abrir una posición de compra te permitirá beneficiarte del movimiento general hacia arriba. Del mismo modo, en una tendencia descendente, abrir una posición de venta te ayudará a aprovechar la dirección general hacia abajo. Ir en contra de la tendencia, en cambio, puede ser arriesgado y a menudo resulta en pérdidas.

Identificar una tendencia puede parecer complicado al principio, pero hay algunas herramientas y técnicas que pueden ayudarte. Una de las formas más simples es observar los gráficos de precios y buscar patrones de máximos y mínimos. En una tendencia ascendente, verás una serie de máximos y mínimos más altos. En una tendencia descendente, verás una serie de máximos y mínimos más bajos. En una tendencia lateral, los máximos y mínimos estarán más o menos al mismo nivel.

Además de observar los gráficos, puedes utilizar herramientas como las medias móviles para identificar tendencias. Una media móvil es una línea en el gráfico que muestra el precio promedio de un activo durante un período de tiempo específico. Cuando el precio está por encima de la media móvil, generalmente indica una tendencia ascendente. Cuando el precio está por debajo de la media móvil, sugiere una tendencia descendente. Las medias móviles pueden ayudarte a suavizar las fluctuaciones del mercado y a ver más claramente la dirección general del movimiento de los precios.

Otra herramienta útil para identificar tendencias es el uso de líneas de tendencia. Una línea de tendencia es una línea recta que se dibuja en un gráfico de precios para conectar una serie de máximos o mínimos. En una tendencia ascendente, dibujas una línea de tendencia conectando los mínimos más bajos.

En una tendencia descendente, dibujas una línea de tendencia conectando los máximos más altos. Estas líneas pueden servir como guía visual para ayudarte a ver y seguir la dirección del mercado.

Una vez que has identificado una tendencia, es importante saber cómo operar a su favor. En una tendencia ascendente, buscarás oportunidades para comprar. Esto puede implicar entrar en el mercado después de un retroceso, cuando el precio baja temporalmente antes de reanudar su movimiento hacia arriba. En una tendencia descendente, buscarás oportunidades para vender. Esto puede significar entrar en el mercado después de un repunte, cuando el precio sube temporalmente antes de continuar su movimiento hacia abajo. Operar a favor de la tendencia te ayuda a aprovechar los movimientos más grandes del mercado y a minimizar el riesgo de pérdidas.

Es crucial también entender que las tendencias no duran para siempre. Eventualmente, cada tendencia se agota y el mercado cambia de dirección. Por eso, además de identificar y seguir las tendencias, también necesitas estar atento a las señales de cambio de tendencia. Estas señales pueden incluir patrones de reversión en los gráficos, como el doble techo o el doble suelo, y cambios en los indicadores técnicos, como el cruce de medias móviles. Estar atento a estas señales te permitirá ajustar tus operaciones y proteger tus ganancias.

Además de las herramientas técnicas, es importante considerar los factores fundamentales que pueden influir en las tendencias. Noticias económicas, eventos políticos y cambios en la política monetaria son solo algunos ejemplos de factores que pueden afectar la dirección del mercado. Mantenerte informado sobre estos eventos y entender cómo pueden impactar los precios te dará una ventaja adicional en la identificación y seguimiento de las tendencias.

Operar con tendencias no solo te ayuda a aprovechar los movimientos del mercado, sino que también puede simplificar tu proceso de toma de decisiones. Cuando operas a favor de la tendencia, reduces la necesidad de predecir cada pequeño movimiento del mercado. En lugar de eso, puedes enfocarte en seguir la dirección general y ajustar tus operaciones en consecuencia. Esto puede reducir el estrés y la incertidumbre, haciendo que el trading sea una experiencia más manejable y agradable.

Además, es importante tener en cuenta que las tendencias pueden ser de diferentes magnitudes y duraciones. Algunas tendencias pueden durar solo unos pocos días o semanas, mientras que otras pueden persistir durante meses o incluso años. Dependiendo de tu estilo de trading y de tus objetivos, puedes enfocarte en tendencias a corto plazo, a mediano plazo o a largo plazo. Lo importante es adaptar tu estrategia a la tendencia que estás siguiendo y ser flexible para ajustarla cuando el mercado cambie.

Finalmente, es fundamental tener paciencia y disciplina al operar con tendencias. No siempre será fácil identificar y seguir una tendencia, y habrá momentos en los que el mercado sea impredecible. Sin embargo, si mantienes un enfoque constante y sigues tus reglas de trading, aumentarás tus probabilidades de éxito. Recuerda que el trading es un maratón, no una carrera de velocidad, y la paciencia y la disciplina son claves para alcanzar tus objetivos a largo plazo.

En resumen, el poder de las tendencias radica en su capacidad para guiar tus decisiones de trading y aumentar tus posibilidades de éxito. Identificar y seguir las tendencias te coloca en alineación con la fuerza predominante del mercado, lo que puede ayudarte a maximizar tus ganancias y minimizar tus pérdidas. Utilizando herramientas como gráficos de precios, medias móviles y líneas de tendencia, puedes identificar y seguir las tendencias de manera efectiva. Además, considerando los factores fundamentales y manteniéndote informado, podrás ajustar tus operaciones según sea necesario. Con paciencia y disciplina, podrás aprovechar el poder de las tendencias y mejorar tu desempeño en el trading.

Errores Comunes del Principiante

El camino del trading está lleno de desafíos, especialmente para los principiantes. Cometer errores es parte del proceso de aprendizaje, pero hay algunos errores comunes que los nuevos traders suelen cometer una y otra vez. En este capítulo, vamos a explorar estos errores y cómo puedes evitarlos. Entender estos fallos y aprender de ellos te ayudará a convertirte en un trader más exitoso y consistente. A continuación, te explicaré de manera sencilla y directa los errores más comunes que cometen los principiantes.

Uno de los errores más comunes es no tener un plan de trading. Un plan de trading es esencial porque te proporciona una guía clara de lo que debes hacer en diferentes situaciones del mercado. Sin un plan, es fácil tomar decisiones impulsivas basadas en emociones como el miedo o la avaricia. Un buen plan de trading debe incluir tus objetivos financieros, las estrategias que vas a utilizar, y las reglas para gestionar el riesgo. Tomarte el tiempo para desarrollar y seguir un plan de trading puede hacer una gran diferencia en tu éxito.

Otro error frecuente es no usar un stop-loss. Un stop-loss es una orden que cierras tu operación automáticamente si el precio se mueve en tu contra hasta un cierto nivel. Muchos principiantes no usan stop-loss porque creen que el precio volverá a su favor. Sin embargo, no usar un stop-loss puede llevar a pérdidas significativas y rápidas. Siempre debes usar un stop-loss en cada operación para limitar tus pérdidas y proteger tu capital.

El sobreapalancamiento es otro error común. El apalancamiento te permite controlar una posición más grande de lo que tu capital normalmente permitiría. Aunque esto puede aumentar tus ganancias, también puede amplificar tus pérdidas. Muchos principiantes utilizan demasiado apalancamiento porque quieren ganar mucho dinero rápidamente. Sin embargo, esto es muy arriesgado y puede llevar a pérdidas significativas. Es importante usar el apalancamiento con precaución y asegurarte de que entiendes los riesgos antes de utilizarlo.

La falta de educación y preparación también es un error grave. Muchos principiantes se lanzan al trading sin haber aprendido lo suficiente sobre cómo funciona el mercado. Es crucial tomarte el tiempo para educarte y entender los fundamentos del trading antes de comenzar. Esto incluye aprender sobre análisis técnico y fundamental, gestión de riesgo y las diferentes estrategias de trading. Cuanto más informado estés, mejores decisiones podrás tomar.

Otro error común es dejarse llevar por las emociones. El miedo y la avaricia son dos emociones que pueden llevarte a tomar decisiones irracionales. Por ejemplo, el miedo puede hacer que cierres una operación prematuramente, mientras que la avaricia puede hacer que mantengas una posición abierta durante demasiado tiempo, esperando obtener más ganancias. Es importante mantener la calma y la disciplina, y seguir siempre tu plan de trading, sin importar cómo te sientas en el momento.

Muchos principiantes también tienden a operar en exceso. Operar en exceso significa realizar demasiadas operaciones en un corto período de tiempo. Esto puede ocurrir porque el trader está ansioso por ganar dinero o porque cree que debe estar siempre activo en el mercado. Sin embargo, operar en exceso puede llevar a errores y a pérdidas innecesarias. Es mejor ser selectivo con tus operaciones y esperar las mejores oportunidades.

No llevar un registro de tus operaciones es otro error común. Un diario de trading es una herramienta valiosa que te permite registrar todos los detalles de tus operaciones, incluyendo las razones detrás de cada operación y los resultados obtenidos. Al revisar tu diario de trading, podrás identificar patrones en tu comportamiento y en tus decisiones de trading, lo que te permitirá aprender de tus errores y mejorar tus estrategias.

La falta de paciencia es otro problema común. Muchos principiantes quieren ver resultados inmediatos y se frustran cuando no obtienen ganancias rápidamente. El trading es una carrera de largo plazo, y es importante tener paciencia y no esperar resultados instantáneos. La paciencia te permitirá esperar las mejores oportunidades y evitar tomar decisiones impulsivas.

Además, muchos principiantes no diversifican sus inversiones. Poner todo tu dinero en un solo activo o mercado es muy arriesgado, porque si ese activo o mercado tiene un mal rendimiento, podrías perder una parte significativa de tu capital. Diversificar tus inversiones, distribuyendo tu capital entre diferentes activos y mercados, te ayudará a minimizar el riesgo y a proteger tu capital.

Finalmente, un error común es no adaptarse a las condiciones cambiantes del mercado. El mercado está en constante evolución, y lo que funciona hoy puede no funcionar mañana. Es importante ser flexible y estar dispuesto a ajustar tus estrategias según sea necesario. Mantente siempre informado sobre las últimas tendencias y desarrolla la capacidad de adaptarte a las condiciones cambiantes del mercado.

En resumen, los errores más comunes que cometen los principiantes incluyen no tener un plan de trading, no usar un stop-loss, utilizar demasiado apalancamiento, la falta de educación y preparación, dejarse llevar por las emociones, operar en exceso, no llevar un registro de las operaciones, la falta de paciencia, no diversificar las inversiones y no adaptarse a las condiciones cambiantes del mercado. Al entender estos errores y aprender de ellos, podrás mejorar tu desempeño como trader y aumentar tus probabilidades de éxito a largo plazo. Recuerda que el trading es un proceso de aprendizaje continuo, y cada error es una oportunidad para crecer y mejorar.

Cómo Crear tu Primer Plan de Trading

Crear tu primer plan de trading es un paso esencial para convertirte en un trader exitoso. Un plan de trading es como un mapa que te guía a través del mercado, ayudándote a tomar decisiones informadas y a mantener la disciplina. Sin un plan, es fácil dejarse llevar por las emociones y cometer errores costosos. En este capítulo, te explicaré de manera sencilla y directa cómo crear tu primer plan de trading. A lo largo de este proceso, aprenderás a establecer objetivos claros, a definir tus estrategias y a gestionar tu riesgo de manera efectiva.

El primer paso para crear tu plan de trading es establecer tus objetivos. Es importante tener claro qué esperas lograr con el trading. Tus objetivos pueden ser a corto, mediano y largo plazo. Por ejemplo, podrías tener como objetivo ganar una cierta cantidad de dinero al mes, aprender una nueva estrategia de trading o simplemente no perder dinero mientras aprendes. Es fundamental que tus objetivos sean realistas y alcanzables. Establecer metas demasiado ambiciosas puede llevar a la frustración y a tomar decisiones arriesgadas.

Una vez que tengas claros tus objetivos, es hora de definir tu estilo de trading. Existen diferentes estilos de trading, y cada uno tiene sus propias características y requerimientos. Algunos de los estilos más comunes incluyen el day trading, el swing trading y el trading a largo plazo. El day trading implica abrir y cerrar operaciones en el mismo día, lo que requiere una atención constante y una toma de decisiones rápida. El swing trading implica mantener operaciones durante varios días o semanas, lo que permite aprovechar movimientos más grandes del mercado. El trading a largo plazo implica mantener operaciones durante meses o incluso años, lo que requiere paciencia y una visión a largo plazo. Define cuál es el estilo que mejor se adapta a tu personalidad, disponibilidad de tiempo y objetivos.

Después de definir tu estilo de trading, necesitas decidir en qué mercados vas a operar. Hay muchos mercados financieros en los que puedes participar, como el mercado de acciones, el mercado de divisas, el mercado de futuros y el mercado de criptomonedas. Cada mercado tiene sus propias características, ventajas y desventajas. Por ejemplo, el mercado de acciones es conocido por su estabilidad y la posibilidad de obtener dividendos, mientras que el mercado de divisas es conocido por su alta liquidez y la posibilidad de operar las 24 horas del día. Investiga sobre los diferentes mercados y elige aquel que mejor se ajuste a tus objetivos y estilo de trading.

Una vez que hayas decidido en qué mercados vas a operar, es hora de definir tus estrategias de trading. Una estrategia de trading es un conjunto de reglas y criterios que utilizas para tomar decisiones de compra y venta. Tu estrategia debe incluir tanto criterios técnicos como fundamentales. Los criterios técnicos se basan en el análisis de gráficos y patrones de precios, mientras que los criterios fundamentales se basan en el análisis de noticias y eventos económicos. Por ejemplo, podrías tener una estrategia que te indique comprar cuando el precio cruza por encima de una media móvil y vender cuando el precio cruza por debajo de otra media móvil. Define tus estrategias de manera clara y asegúrate de probarlas en una cuenta demo antes de utilizarlas con dinero real.

La gestión del riesgo es otro componente crucial de tu plan de trading. La gestión del riesgo implica definir cuánto estás dispuesto a perder en cada operación y cómo vas a proteger tu capital. Una regla común es no arriesgar más del uno o dos por ciento de tu capital en una sola operación. Esto te ayudará a limitar tus pérdidas y a proteger tu capital a largo plazo. También debes definir cómo vas a utilizar las órdenes de stop-loss y take-profit. Una orden de stop-loss cierra tu operación automáticamente si el precio se mueve en tu contra hasta un cierto nivel, limitando tus pérdidas. Una orden de take-profit cierra tu operación automáticamente cuando el precio alcanza un nivel objetivo, asegurando tus ganancias.

Además de la gestión del riesgo, es importante definir cómo vas a gestionar tu capital. La gestión del capital implica decidir cuánto dinero vas a destinar al trading y cómo vas a distribuirlo entre diferentes operaciones. Es recomendable no invertir todo tu capital en una sola operación, sino diversificarlo entre varias operaciones para reducir el riesgo. También debes definir cómo vas a reinvertir tus ganancias y cómo vas a manejar las pérdidas. La gestión del capital es esencial para mantener la estabilidad y la sostenibilidad de tu trading a largo plazo.

Una parte importante de tu plan de trading es llevar un registro detallado de todas tus operaciones. Un diario de trading te permite registrar los detalles de cada operación, incluyendo las razones detrás de cada decisión, los resultados obtenidos y las lecciones aprendidas. Al revisar tu diario de trading regularmente, podrás identificar patrones en tu comportamiento y en tus decisiones de trading, lo que te permitirá aprender de tus errores y mejorar tus estrategias. Un diario de trading es una herramienta valiosa para el crecimiento y el desarrollo continuo como trader.

Finalmente, es crucial mantener la disciplina y la paciencia al seguir tu plan de trading. El mercado puede ser volátil e impredecible, y habrá momentos en los que tus operaciones no salgan como esperabas. Es importante mantener la calma y no dejarte llevar por las emociones. Sigue siempre tu plan de trading, ajusta tus estrategias según sea necesario y aprende de cada experiencia. La paciencia y la disciplina son claves para el éxito a largo plazo en el trading.

En resumen, crear tu primer plan de trading implica establecer objetivos claros, definir tu estilo de trading, elegir los mercados en los que vas a operar, desarrollar tus estrategias de trading, gestionar el riesgo y el capital, llevar un registro detallado de tus operaciones y mantener la disciplina y la paciencia. Tomarte el tiempo para desarrollar y seguir un plan de trading te ayudará a tomar decisiones informadas, a mantener la disciplina y a aumentar tus posibilidades de éxito en el trading. Recuerda que el trading es un proceso de aprendizaje continuo, y cada paso que tomes para mejorar tu plan de trading te acercará más a tus objetivos.

La Importancia de la Disciplina en el Trading

La disciplina es uno de los pilares más importantes para el éxito en el trading. Sin disciplina, incluso las mejores estrategias y los planes más detallados pueden fallar. Pero, ¿qué es la disciplina en el contexto del trading y por qué es tan crucial? En este capítulo, vamos a explorar la importancia de la disciplina en el trading, cómo cultivarla y mantenerla, y cómo puede hacer una diferencia significativa en tus resultados. Utilizaremos palabras simples para que todo quede claro y directo, y haremos el tema un poco entretenido para que puedas disfrutar del aprendizaje.

En su esencia, la disciplina en el trading se refiere a la capacidad de seguir tu plan de trading sin importar las circunstancias. Esto significa adherirse a las reglas y estrategias que has establecido, incluso cuando el mercado se vuelve volátil o cuando las emociones comienzan a interferir. La disciplina es lo que te impide tomar decisiones impulsivas basadas en el miedo o la avaricia, y te mantiene enfocado en tus objetivos a largo plazo.

Una de las primeras razones por las que la disciplina es tan importante es que ayuda a minimizar las pérdidas. Cuando operas sin disciplina, es fácil dejarte llevar por el pánico y cerrar una operación prematuramente, o mantener una posición perdedora con la esperanza de que el mercado se recupere. Ambas acciones pueden llevar a pérdidas significativas. Al mantener la disciplina, te aseguras de seguir tus reglas de gestión de riesgo, lo que te ayuda a limitar las pérdidas y proteger tu capital.

La disciplina también es crucial para aprovechar las oportunidades de manera consistente. El mercado presenta muchas oportunidades, pero no todas son buenas. La disciplina te permite esperar las mejores oportunidades y actuar solo cuando las condiciones cumplen con tus criterios predefinidos. Esto no solo aumenta tus probabilidades de éxito, sino que también te ayuda a evitar el sobretrading, que es operar demasiado y de manera innecesaria.

Además, la disciplina te ayuda a mantener la calma en momentos de alta volatilidad. El mercado puede ser impredecible y emocionalmente desafiante. Sin disciplina, es fácil dejarse llevar por el miedo cuando los precios caen o por la avaricia cuando los precios suben rápidamente. Mantener la disciplina te permite tomar decisiones basadas en tu análisis y plan de trading, en lugar de reaccionar impulsivamente a los movimientos del mercado.

Cultivar la disciplina en el trading comienza con la creación de un plan de trading detallado. Este plan debe incluir tus objetivos, estrategias, reglas de gestión de riesgo y un sistema para llevar un registro de tus operaciones. Una vez que tengas este plan, es crucial seguirlo rigurosamente. Puede ser útil pensar en tu plan de trading como un contrato contigo mismo, comprometiéndote a seguirlo sin importar lo que suceda.

Otro aspecto importante de la disciplina es la paciencia. El trading no es una carrera para hacerse rico rápidamente. Requiere tiempo, esfuerzo y la capacidad de esperar las oportunidades correctas. La paciencia te permite mantenerte enfocado y evitar tomar decisiones precipitadas. Recuerda que es mejor no operar que hacer una operación que no cumple con tus criterios.

Mantener la disciplina también implica aprender a gestionar tus emociones. El trading puede ser estresante, y es normal sentir miedo o avaricia. Sin embargo, es importante no permitir que estas emociones dicten tus decisiones. Técnicas como la meditación, el ejercicio regular y tomar descansos pueden ayudarte a mantener la calma y la claridad mental. Además, llevar un diario de trading donde registres tus emociones y reflexiones sobre tus decisiones puede ser muy útil para mejorar tu autocontrol.

La consistencia es otra razón clave para la importancia de la disciplina. Al seguir tu plan de trading de manera consistente, puedes evaluar tus resultados de manera objetiva y ajustar tus estrategias según sea necesario. Si cambias constantemente tus enfoques y reglas, será difícil identificar qué está funcionando y qué no. La consistencia te permite acumular datos y experiencias que son esenciales para mejorar tus habilidades de trading.

Finalmente, la disciplina en el trading fomenta la confianza. Cuando sigues tu plan y ves resultados positivos, incluso si son pequeños, empiezas a confiar más en tus habilidades y en tu enfoque. Esta confianza es fundamental para mantener la motivación y la perseverancia a lo largo del tiempo. La confianza en ti mismo y en tu plan te permite enfrentar los desafíos del mercado con una actitud positiva y decidida.

En conclusión, la disciplina es fundamental para el éxito en el trading. Te ayuda a minimizar las pérdidas, aprovechar las oportunidades, mantener la calma en momentos de volatilidad, y construir confianza y consistencia en tus operaciones. Cultivar y mantener la disciplina requiere un esfuerzo consciente y continuo, pero los beneficios a largo plazo hacen que valga la pena. Recuerda siempre que el trading es un maratón, no una carrera de velocidad. La disciplina es tu mejor aliada en este viaje hacia el éxito financiero.

Estrategias Básicas para Principiantes

Las estrategias básicas para principiantes en el trading son fundamentales para construir una base sólida y comenzar tu viaje en el mundo del trading de manera efectiva y segura. En este capítulo, vamos a explorar algunas de las estrategias más sencillas y efectivas que los principiantes pueden usar. Estas estrategias te ayudarán a entender cómo funciona el mercado, a tomar decisiones informadas y a gestionar tu riesgo de manera adecuada. Usaremos palabras simples para explicar cada estrategia de forma directa y extensa, asegurándonos de que el contenido sea un poco entretenido para mantener tu interés.

Una de las estrategias más comunes y fáciles de entender es la estrategia de tendencia. Esta estrategia se basa en la idea de que los precios de los activos tienden a moverse en una dirección general durante un período de tiempo. Hay tres tipos de tendencias: alcista, bajista y lateral. Una tendencia alcista es cuando los precios suben, una tendencia bajista es cuando los precios bajan, y una tendencia lateral es cuando los precios se mueven en un rango sin una dirección clara. La clave para esta estrategia es identificar la dirección de la tendencia y operar en esa dirección. Por ejemplo, si el mercado está en una tendencia alcista, buscarás oportunidades para comprar. Si está en una tendencia bajista, buscarás oportunidades para vender. Las herramientas como las medias móviles pueden ayudarte a identificar estas tendencias de manera más clara.

Otra estrategia básica es el trading de rompimientos. Esta estrategia se enfoca en identificar niveles clave de soporte y resistencia en los gráficos de precios. El soporte es un nivel donde los precios tienden a detenerse y rebotar hacia arriba, mientras que la resistencia es un nivel donde los precios tienden a detenerse y rebotar hacia abajo. Cuando el precio rompe por encima de una resistencia o por debajo de un soporte, puede indicar el comienzo de un movimiento fuerte en la dirección del rompimiento. Por ejemplo, si el precio rompe por encima de una resistencia, podrías considerar comprar, esperando que el precio continúe subiendo. Por el contrario, si el precio rompe por debajo de un soporte, podrías considerar vender, esperando que el precio siga bajando. Es importante confirmar el rompimiento con volumen o con otros indicadores técnicos para aumentar la probabilidad de éxito.

La estrategia de retrocesos es otra técnica popular entre los principiantes. Esta estrategia se basa en la idea de que los precios nunca se mueven en línea recta, sino que experimentan retrocesos o correcciones antes de continuar en la dirección de la tendencia principal. Los retrocesos son oportunidades para entrar en una operación a un mejor precio. Por ejemplo, si el mercado está en una tendencia alcista, puedes esperar un retroceso hacia un nivel de soporte antes de comprar. De manera similar, en una tendencia bajista, puedes esperar un retroceso hacia un nivel de resistencia antes de vender. Los niveles de retroceso de Fibonacci son herramientas comunes utilizadas para identificar estos posibles puntos de entrada.

El scalping es otra estrategia que muchos principiantes encuentran interesante. El scalping implica realizar muchas operaciones pequeñas durante el día para capturar pequeñas ganancias. Esta estrategia requiere una atención constante y una toma de decisiones rápida, ya que las operaciones suelen durar solo unos minutos. El objetivo es aprovechar los pequeños movimientos de precios. Aunque puede ser una estrategia rentable, también es arriesgada y puede resultar agotadora. Es crucial tener un plan de gestión de riesgos sólido y ser disciplinado para evitar grandes pérdidas.

Otra estrategia básica que los principiantes pueden usar es el swing trading. El swing trading se enfoca en capturar movimientos de precios que ocurren durante varios días o semanas. A diferencia del day trading, donde las operaciones se abren y cierran en el mismo día, el swing trading permite más tiempo para que las operaciones se desarrollen. Esta estrategia es ideal para aquellos que no pueden estar frente a la pantalla todo el día. Los swing traders buscan patrones gráficos y utilizan indicadores técnicos para identificar puntos de entrada y salida. La paciencia es clave en el swing trading, ya que se trata de esperar el momento adecuado para entrar y salir de una operación.

El trading de noticias es otra estrategia que puede ser utilizada por principiantes. Esta estrategia se basa en la idea de que los eventos y noticias importantes pueden tener un impacto significativo en los precios de los activos. Los traders de noticias están atentos a los informes económicos, anuncios de ganancias, cambios en las políticas de los bancos centrales y otros eventos relevantes. La clave para esta estrategia es actuar rápidamente y aprovechar el impulso que generan las noticias. Sin embargo, es importante tener en cuenta que el trading de noticias puede ser volátil y arriesgado, por lo que una buena gestión del riesgo es esencial.

Finalmente, una estrategia sencilla pero efectiva es el uso de medias móviles. Las medias móviles son indicadores que muestran el precio promedio de un activo durante un período de tiempo específico. Hay diferentes tipos de medias móviles, como la media móvil simple y la media móvil exponencial. Estas herramientas pueden ayudar a suavizar las fluctuaciones de precios y a identificar la dirección de la tendencia. Por ejemplo, una estrategia común es usar una media móvil de 50 días y una media móvil de 200 días. Cuando la media móvil de 50 días cruza por encima de la media móvil de 200 días, es una señal de compra, y cuando cruza por debajo, es una señal de venta. Esta estrategia es fácil de entender y puede ser una buena forma de comenzar en el trading.

En conclusión, existen muchas estrategias básicas que los principiantes pueden utilizar para empezar en el trading. Desde la identificación de tendencias y rompimientos hasta el uso de retrocesos y medias móviles, cada estrategia tiene sus propias ventajas y desventajas. Es importante probar diferentes enfoques, mantener un registro de tus operaciones y ajustar tus estrategias según sea necesario. Recuerda siempre que la clave del éxito en el trading es la disciplina, la gestión del riesgo y la paciencia. Con el tiempo y la práctica, podrás desarrollar tu propio estilo de trading y mejorar tus habilidades.

El Poder de las Cuentas Demo

Las cuentas demo son una herramienta poderosa para cualquier persona que esté comenzando en el mundo del trading. Estas cuentas permiten a los principiantes practicar y familiarizarse con los mercados financieros sin arriesgar dinero real. En este capítulo, vamos a explorar qué son las cuentas demo, cómo funcionan y por qué son tan valiosas para los traders novatos. Usaremos palabras simples y explicaciones directas para asegurarnos de que todo quede claro y resulte entretenido.

Una cuenta demo es básicamente una simulación de una cuenta de trading real. Las plataformas de trading ofrecen cuentas demo para que los usuarios puedan practicar el trading en un entorno seguro. En una cuenta demo, se te proporciona una cantidad ficticia de dinero que puedes usar para realizar operaciones en los mercados financieros. Aunque el dinero es ficticio, los precios y movimientos del mercado son reales, lo que hace que la experiencia sea muy similar a operar con una cuenta real.

El principal beneficio de una cuenta demo es que te permite aprender sin riesgo. Cuando estás comenzando en el trading, es fácil cometer errores. Al usar una cuenta demo, puedes experimentar y probar diferentes estrategias sin la presión de perder dinero real. Esto te da la libertad de cometer errores y aprender de ellos sin sufrir consecuencias financieras. Es como un campo de entrenamiento donde puedes desarrollar tus habilidades antes de entrar en el campo de batalla real.

Las cuentas demo también son una excelente manera de familiarizarse con la plataforma de trading. Cada plataforma de trading tiene sus propias características y herramientas. Usar una cuenta demo te permite explorar todas estas funciones y aprender cómo usarlas de manera efectiva. Puedes practicar cómo abrir y cerrar operaciones, configurar alertas, utilizar indicadores técnicos y mucho más. Cuanto más familiarizado estés con la plataforma, más cómodo te sentirás cuando empieces a operar con dinero real.

Otro aspecto importante de las cuentas demo es que te permiten probar y perfeccionar tus estrategias de trading. En el trading, tener una estrategia clara es crucial para el éxito. Sin una estrategia, es fácil tomar decisiones impulsivas basadas en emociones en lugar de en el análisis racional. Con una cuenta demo, puedes probar diferentes estrategias y ver cuáles funcionan mejor para ti. Puedes ajustar y perfeccionar tus métodos hasta que te sientas seguro de que tienes un enfoque efectivo.

Además, las cuentas demo te permiten practicar la gestión del riesgo. La gestión del riesgo es una parte vital del trading. Se trata de cómo proteger tu capital y minimizar las pérdidas cuando el mercado no se mueve a tu favor. En una cuenta demo, puedes practicar cómo establecer stop-loss y take-profit, cómo determinar el tamaño adecuado de las posiciones y cómo diversificar tus inversiones. Todo esto te ayudará a desarrollar una mentalidad disciplinada y a aprender a controlar tus emociones, lo cual es esencial para el éxito a largo plazo.

Las cuentas demo también son útiles para evaluar tu progreso. Cuando empiezas a operar en una cuenta demo, puedes llevar un registro de tus operaciones y analizar tus resultados. Esto te permite identificar patrones en tus decisiones y ver dónde puedes mejorar. Puedes revisar tus errores y aprender de ellos, lo que te ayudará a evitar cometer los mismos errores en el futuro. Evaluar tu progreso de manera constante te permitirá mejorar tus habilidades de trading de manera continua.

Es importante mencionar que, aunque las cuentas demo son una herramienta invaluable para los principiantes, hay algunas diferencias entre operar en una cuenta demo y una cuenta real. La principal diferencia es la psicología del trading. Cuando operas con una cuenta demo, no tienes el estrés de arriesgar tu propio dinero. Esto puede hacer que tomes decisiones más relajadas y menos impulsivas. Sin embargo, cuando operas con una cuenta real, el miedo a perder dinero y la avaricia pueden influir en tus decisiones. Por eso es importante no solo practicar en una cuenta demo, sino también estar preparado para manejar tus emociones cuando pases a una cuenta real.

En conclusión, las cuentas demo son una herramienta esencial para cualquier persona que quiera aprender a hacer trading. Te permiten practicar sin riesgo, familiarizarte con la plataforma de trading, probar y perfeccionar tus estrategias, practicar la gestión del riesgo y evaluar tu progreso. Aunque hay diferencias entre operar en una cuenta demo y una cuenta real, el tiempo que pases practicando en una cuenta demo te preparará mejor para enfrentar los desafíos del trading con dinero real. Aprovecha al máximo esta herramienta y usa el tiempo en la cuenta demo para desarrollar tus habilidades y construir una base sólida para tu futura carrera en el trading.

El Camino Hacia el Trading Real

El camino hacia el trading real es una travesía emocionante y desafiante. Para muchos principiantes, la transición de una cuenta demo a una cuenta real puede parecer un gran salto. Sin embargo, con una preparación adecuada y una mentalidad correcta, este paso puede ser más manejable y menos estresante. En este capítulo, exploraremos los pasos clave que debes seguir para prepararte para el trading real, desde la consolidación de tus conocimientos hasta la gestión de tus emociones. Usaremos palabras simples y explicaciones directas para que todo quede claro y resulte entretenido.

El primer paso en el camino hacia el trading real es consolidar tus conocimientos. Antes de arriesgar tu dinero, es esencial que entiendas bien los conceptos básicos del trading. Esto incluye conocer cómo funcionan los mercados financieros, comprender la importancia del análisis técnico y fundamental, y familiarizarte con las herramientas y estrategias de trading. Si aún te sientes inseguro en alguno de estos aspectos, es importante que te tomes el tiempo para aprender y practicar más en tu cuenta demo. La educación continua es clave en el trading, y nunca debes dejar de aprender.

Una vez que te sientas cómodo con tus conocimientos, el siguiente paso es desarrollar un plan de trading sólido. Un plan de trading es como un mapa que guía tus decisiones en el mercado. Debe incluir tus objetivos financieros, tu tolerancia al riesgo, tus estrategias de entrada y salida, y tus reglas de gestión del dinero. Tener un plan te ayuda a mantener la disciplina y a tomar decisiones basadas en el análisis en lugar de en las emociones. Es importante que tu plan de trading sea claro y detallado, y que lo sigas de manera consistente.

La gestión del riesgo es otro aspecto crucial en el camino hacia el trading real. Cuando operas con dinero real, el riesgo de perder es siempre una posibilidad. Para proteger tu capital, necesitas aprender a gestionar el riesgo de manera efectiva. Esto incluye establecer límites de pérdida, también conocidos como stop-loss, para cada operación, y nunca arriesgar más de lo que puedes permitirte perder. Además, es recomendable diversificar tus inversiones para reducir el riesgo. No pongas todos tus huevos en una sola canasta; distribuye tu capital entre diferentes activos para minimizar las posibles pérdidas.

El siguiente paso es abrir una cuenta real con un bróker confiable. La elección del bróker es una decisión importante, ya que afectará tu experiencia de trading. Asegúrate de elegir un bróker que esté regulado y que ofrezca condiciones de trading favorables, como bajos costos de transacción, una plataforma de trading fácil de usar y un buen servicio al cliente. Investiga bien antes de tomar una decisión y, si es posible, consulta opiniones de otros traders. Una vez que hayas elegido un bróker, abre una cuenta real y deposita una cantidad de dinero que estés dispuesto a arriesgar.

Antes de comenzar a operar en tu cuenta real, es importante que hagas una transición gradual desde la cuenta demo. No te lances de lleno al trading real con grandes cantidades de dinero. Comienza con pequeñas operaciones y aumenta tu tamaño de posición gradualmente a medida que ganes confianza y experiencia. Esto te ayudará a adaptarte a la presión psicológica de operar con dinero real y a minimizar el impacto de los errores iniciales.

La psicología del trading es un aspecto que no se puede subestimar. Operar con dinero real puede ser emocionalmente desafiante. El miedo y la avaricia son emociones comunes que pueden afectar tus decisiones. Para manejar estas emociones, es esencial mantener una mentalidad disciplinada y seguir tu plan de trading al pie de la letra. Evita tomar decisiones impulsivas y aprende a aceptar las pérdidas como parte del proceso. Recuerda que el trading es una maratón, no una carrera de velocidad, y la paciencia es una virtud que te ayudará a tener éxito a largo plazo.

Además, es importante llevar un registro de todas tus operaciones. Mantén un diario de trading donde anotes cada operación que realices, incluyendo los motivos de la operación, los resultados y las lecciones aprendidas. Este registro te permitirá analizar tus errores y éxitos, y te ayudará a mejorar continuamente tus habilidades de trading. Revisar tu diario de trading regularmente es una excelente manera de identificar patrones en tu comportamiento y ajustar tu estrategia en consecuencia.

Otro aspecto a considerar es la actualización constante de tus conocimientos. Los mercados financieros están en constante cambio, y lo que funciona hoy puede no funcionar mañana. Mantente al día con las noticias económicas, sigue aprendiendo sobre nuevas estrategias y técnicas de trading, y participa en comunidades de traders para intercambiar ideas y experiencias. La educación continua es una parte esencial del éxito en el trading.

Finalmente, es importante tener una mentalidad a largo plazo. El trading real no es una forma de hacerse rico rápidamente. Es un proceso que requiere tiempo, esfuerzo y dedicación. No te desanimes por las pérdidas iniciales y mantén una perspectiva realista sobre tus expectativas. Con el tiempo y la práctica, puedes mejorar tus habilidades y aumentar tus posibilidades de éxito.

En conclusión, el camino hacia el trading real es un proceso que requiere preparación, disciplina y una mentalidad adecuada. Consolida tus conocimientos, desarrolla un plan de trading sólido, gestiona el riesgo de manera efectiva, haz una transición gradual desde la cuenta demo, mantén un registro de tus operaciones, actualiza constantemente tus conocimientos y ten una mentalidad a largo plazo. Con estos pasos, estarás mejor preparado para enfrentar los desafíos del trading real y aumentar tus posibilidades de éxito en el mercado.